LES LIMITES

DU

SUFFRAGE UNIVERSEL

PAR

ANTONIN RONDELET

LABOR · IMPROBVS · OMNIA VINCIT

PARIS

HENRI PLON, IMPRIMEUR-ÉDITEUR

10, RUE GARANCIÈRE

—

1871

LES LIMITES

DU

SUFFRAGE UNIVERSEL

OUVRAGES DU MÊME AUTEUR :

PARIS. — TYPOGRAPHIE DE HENRI PLON, RUE GARANCIÈRE, 8.

LES LIMITES

DU

SUFFRAGE UNIVERSEL

PAR

ANTONIN RONDELET

PARIS

HENRI PLON, IMPRIMEUR-ÉDITEUR

10, RUE GARANCIÈRE

—

1871

LES LIMITES

SUFFRAGE UNIVERSEL.

PREMIÈRE PARTIE.

Le véritable intérêt des entretiens les plus solennels comme des conversations les plus piquantes n'est pas dans ce qu'on y peut dire, mais plutôt dans ce qu'on prend soin d'y sous-entendre. Il y a ainsi, dans toutes les choses de la vie, un dernier mot qu'on ne prononce pas, un avis suprême qu'on ne laisse jamais échapper, et c'est presque toujours par ce dernier mot que s'éclaircirait le malentendu ou se dénouerait la situation. C'est ainsi, et faute de s'entendre, que les amoureux se querellent, les partis s'égorgent, les États s'écroulent.

Les choses ne se passent pas autrement dans l'ordre politique que dans la vie privée: Là aussi, malgré l'imminence des périls et l'urgence de l'action, les hommes politiques prononcent rare-

ment tout haut le mot de la situation. Il y a souvent entre eux comme un accord tacite pour ne
point soulever la vraie question qui les préoccupe
ou les divise. C'est ainsi que, dans les régions
où, sous ses diverses formes, s'accomplit l'œuvre
du gouvernement, on entend en effet parler dé
tout, excepté du problème vital d'où dépend uni-
quement la solution de notre avenir.

Ce silence étrange qui se fait précisément autour du mot de l'énigme n'est peut-être, à l'ori-
gine, qu'un simple accident de la polémique quotidienne, qu'une mesure de prudence imposée à
la discipline des partis, qu'une temporisation pas-
sagère conseillée à la sagesse des publicistes et
des orateurs. Mais lorsque ce silence a duré,
lorsqu'il a été goûté et convenu, il passe aisément
à l'état de mystère et d'axiome. Il n'y aura qu'un
cri dans Israël si vous êtes assez hardi pour porter
la main à l'arche sainte des sous-entendus.

Voilà sans doute pourquoi nous ne voyons
point qu'on discute en France la grande question
du suffrage universel. Sans doute, parmi les
hommes d'État, les uns poursuivent la périlleuse
entreprise de le confisquer, comme ils y ont déjà
réussi pour un temps ; les autres rêvent la noble
tâche de l'instruire et d'en faire l'éducation. Les
politiques, sans viser aussi haut, se demandent ce

qu'ils en peuvent attendre et tâchent de construire leurs inductions sur la mémoire de son court passé. L'homme de bon sens ne s'avoue pas sans inquiétude qu'à aucune époque chez un peuple, le suffrage universel n'a été pratiqué tel que nous l'avons. Il s'épouvante à la pensée de se sentir ainsi en dehors du genre humain, comme il tressaillerait de frayeur à la pensée d'habiter un monde différent de celui que nous habitons. Le publiciste et le philosophe interrogent silencieusement les droits et les devoirs qu'établit dans l'ordre social l'application extérieure de notre propre conscience et commencent à démêler l'illusion de ce droit imaginaire. Pendant ce travail intérieur des âmes, durant cette préoccupation de toutes les pensées, le silence continue à régner dans les régions du pouvoir, à la tribune de la Chambre, dans les publications de la presse. On est convenu entre soi de ne pas trop appuyer le pied sur ce parquet vermoulu où repose l'édifice, dans la crainte qu'il ne s'y fasse des trous et que l'ébranlement ne se communique.

La religion du suffrage universel, comme le paganisme aux derniers temps de l'empire romain, conserve encore ses fidèles qui en profitent, mais je ne lui vois plus de croyants qui la défendent. Elle vit à l'ombre d'un respect que ses adeptes transforment aisément en terreur. De la même façon que certains républicains à bout d'arguments ont inventé la république au-dessus du suffrage universel, tout de même les théoriciens du suffrage universel évitent l'embarras de le défendre en interdisant la liberté de l'attaquer.

Ils ont raison d'agir ainsi, car s'ils laissaient leurs adversaires surmonter cette intimidation et produire à leur tour leurs doctrines, il ne serait pas difficile de montrer au suffrage universel les inconvénients qu'il entraîne, les principes qu'il viole, les garanties qu'il réclame.

I

Le suffrage universel dont il est question ici, celui dont nous étudions la nature politique et morale, est le suffrage universel qui se pratique en France, à l'exclusion de tous les autres pays passés et présents.

Dès qu'on cesse de le placer comme un objet sacré sous la garde d'une constitution qui défend d'y jeter les yeux et d'en ouvrir la bouche, dès qu'on cesse de l'accepter comme un fétiche, pour le soumettre à une sorte de doute méthodique, il devient facile de percer à jour les préjugés sur lesquels le suffrage universel a établi son crédit.

Il passe volontiers, dans le monde complaisant des naïfs, pour une institution éminemment démocratique, fonctionnant pour la liberté de tous et plus particulièrement dans l'intérêt des petits.

On ne manque pas de lui appliquer à tout propos les bénéfices du vieux proverbe : « Vox populi, vox Dei », et l'on tire de ce beau raisonnement les conclusions les plus favorables sur la supériorité intellectuelle du suffrage universel, comparé à tout autre mode de participation au gouvernement.

Enfin, non content de lui avoir attribué si légèrement ce libéralisme et ces lumières, on affecte d'y voir la seule autorité qui puisse prêter une force suffisante au pouvoir.

L'expérience qui a été faite du suffrage universel absolu est déjà assez longue, malgré sa brièveté et ses orages, pour qu'il ne soit plus permis de fermer volontairement les yeux à l'évidence des faits.

Pourquoi serait-il défendu de dire, puisque la vérité le veut ainsi, qu'en dépit des préjugés populaires, partagés peut-être à un certain moment par notre esprit, le suffrage universel absolu est une institution éminemment aristocratique, au sens où Platon et Aristote avec tous les publicistes

entendent ce mot-là : une force aveugle qui se
décide en dehors de la réflexion : une volonté mobile sans persistance dans ses actes, sans autorité
dans ses ordres comme elle a été sans motif dans
ses résolutions.

J'ai bien entendu déjà les clameurs et les indignations des démocrates lorsqu'il m'est arrivé de
dire, contrairement à la vérité convenue et par
conséquent indiscutable, que le suffrage universel
était une institution éminemment aristocratique.
Ce serait peut-être redoubler leur étonnement et
leur colère que d'y voir un mode de votation plus
favorable à la prépondérance des grandes fortunes que le suffrage restreint des anciens électeurs censitaires.

Le mécanisme du suffrage universel comporte,
par sa nature même, une avance de fonds assez
considérable. Sans parler de la publicité payée
des journaux, de la mise en scène artistique et
littéraire pour ainsi dire, laquelle comporte des
dépenses fantaisistes et illimitées, ce qu'on pourrait appeler le strict nécessaire, la publication des
affiches, l'impression, le transport et la distribu-
tion des bulletins au moyen d'agents spéciaux,
constitue une dépense appréciable pour la plupart
des fortunes même aisées. Sans distribuer, comme
on l'a fait, son propre portrait à chacun des élec-

teurs d'un département agricole, pour le faire figurer dans la chaumière entre l'Empereur et le Juif-Errant ; sans acheter les suffrages deux francs la pièce et les faire surveiller dans la main de l'électeur depuis la porte extérieure de la salle jusqu'à la boîte du scrutin ; sans tenir table ouverte dans tous les cabarets et sans rembourser un sou pour le péage du pont aux électeurs qui sont venus vous visiter, il est certain que l'état de candidat exige une certaine largesse, et qu'il devient nécessaire de grossir outre mesure la menue dépense de chaque jour. Le Français est ainsi fait ; il entend bien jouir de ses droits d'électeur ; exercer, suivant sa position et sa fortune, son influence dans les choix et les présentations ; mais à la condition expresse qu'il ne lui en coûtera rien et que les dépenses, même les plus chétives, lui seront remboursées par le candidat. Il est tel comité de province où, dès la première séance qui réunit autour d'une table un comité de propriétaires, de grands seigneurs et de millionnaires, le secrétaire provisoire, avant toute chose, tient scrupuleusement note du premier centime qui a servi à affranchir la bande de la première circulaire au parti, et continue ainsi par sous et par francs l'inventaire des crayons, de la cire et des enveloppes, dans la crainte qu'un de ces

opulents mandataires n'ait à fournir en fin de
compte un denier ou une obole de sa poche.

C'est pour ne point se départir de cette prudence
que tel comité de l'ordre a eu grand soin de faire
prendre, avant toute autre chose, au candidat qui
sollicitait son patronage, l'engagement écrit de
payer, quoi qu'il arrivât, la totalité des frais de
l'élection. Aussi, dans ce monde-là, lorsqu'une
conversation s'engage sur le nom des futurs dé-
putés, ne manque-t-on point, comme dans les
mariages malséants qui se font par l'intermédiaire
des courtiers, de demander, non point quelle est
la capacité politique de l'homme, mais quelle peut
être sa responsabilité pécuniaire.

Il faut vraiment pousser la complaisance trop
loin pour trouver quelque chose de démocratique
à un mode de suffrage tel, que la première condition pour se présenter aux électeurs est d'être à
tout le moins millionnaire. Ce serait une recherche curieuse et à laquelle nous avouons nous
être intéressé beaucoup, que celle des noms honorables qui, dans les dernières élections complé-
mentaires, ont refusé de se prêter aux suffrages
de leurs concitoyens. Ces petits arrangements de
clocher ne sont point arrivés jusqu'à la grande
publicité des journaux. Ils se sont réduits à quelques pourparlers, à quelques entrevues, à quel-

ques lettres discrètement échangées. La plupart des candidats les plus honorables et les plus souhaités dans les pays où ils étaient depuis long-temps connus ont laissé entrevoir, aux ouvertures qui leur avaient été faites, les froissements de la lutte, l'amertume des calomnies, l'incertitude du triomphe. La plupart d'entre eux n'ont pas dit leur dernier mot. Leur motif véritable était une de ces raisons qui ne s'avouent guère en France, surtout dans certaines classes où le plus souvent on allie la gêne du dedans à l'orgueil du dehors. Ce calcul, nécessaire dans beaucoup de familles, est devenu plus visible au second tour de scrutin. Les espérances les plus raisonnables et les chances les mieux fondées ont été sacrifiées à dessein par des candidats auxquels leur devoir interdisait le luxe de cette seconde tentative.

Par là s'explique ce fait bizarre et difficilement saisissable au premier abord, d'une sorte de mo-nopole exercé du côté de l'ordre par les très-grandes fortunes dans la pratique du suffrage universel. Par là s'explique encore cette étonnante pénurie d'hommes vraiment compétents et vraiment capables. Il a semblé, en dehors du scrutin de liste où l'on peut passer gratis, que la classe moyenne française, plus éminente par ses capacités politiques que favorisée par ses ri-

chesses patrimoniales, ait subitement disparu de
la scène qu'elle avait si longtemps occupée et
dominée.

L'honnêteté de nos mœurs se refuse encore
à prévoir les inconvénients qui, à la longue,
doivent résulter d'un pareil état de choses. Est-il
donc impossible qu'un jour, parmi ces candidats exclus aujourd'hui par leur aisance comme
on l'était jadis par sa pauvreté, il se trouve un
homme capable d'appliquer à sa carrière politique la combinaison si élémentaire et si infaillible
du doit et de l'avoir? On rencontre bien des gens
pour vous avancer la somme nécessaire à la con-
struction d'une maison, à l'approvisionnement
d'un commerce, à l'outillage d'une manufacture.
La qualité de représentant du peuple souverain
n'est-elle donc pas aussi un capital, et un capital
qui, sans malhonnêteté flagrante, est toujours
capable de rapporter son intérêt et son profit
entre les mains du savoir-faire? L'avantage de la
situation, c'est précisément qu'il n'est besoin en
aucune façon de prévariquer pour disposer d'a-
vantages sensibles et exercer une influence con-
vertible, même malgré soi, en espèces sonnantes
et trébuchantes : voie périlleuse pour l'honnêteté
la plus rigide, et à plus forte raison pour les
consciences vulgaires. Que deviendra le député

le jour où il aura à rembourser les dettes du candidat?

Le seul moyen honnête d'obvier à cette difficulté, c'est peut-être l'association volontaire des citoyens qui souscrivent un fonds commun pour faire triompher par cette dépense anonyme leurs opinions et leur influence. C'est surtout dans le parti démocratique pur que ces moyens d'élection ont été mis en pratique. Il aurait peut-être été encore plus difficile là qu'ailleurs, de trouver un choix de candidats opulents et dévoués à la cause d'un progrès trop hasardeux.

Ici la maxime inverse a été appliquée. Le premier engagement qu'on fait prendre à quiconque réclame l'appui de cette organisation démocratique, c'est de ne point agir de son propre mouvement ni par sa libre initiative, d'avoir à accepter les mesures comme les dépenses faites par les mandataires commis à cet effet. Comme on leur épargne une dépense réelle par laquelle ils auraient été obligés de passer, il s'ensuit que, le jour où ils sont proposés et soutenus par les comités, ils sont déjà effectivement payés par eux et regardés à ce titre, comme étant dans une certaine mesure à leur service.

Les mœurs françaises sont telles que cette sujétion et cette aumône répugnent à la fierté

de beaucoup de caractères, absolument comme
ailleurs la dépense d'une élection alarme la pré-
voyance du père de famille. Le malheur de ces
comités qui pérorent, et surtout qui payent,
est de rechercher beaucoup moins des capacités
pour les offrir à la disposition de l'État, que
des instruments pour les retenir au service de
leurs desseins politiques. C'est dans ces réunions,
tout à la fois ambitieuses et tyranniques, qu'a
été imaginée la théorie du mandat impératif
dont l'inconvénient est de détruire la représentation nationale au moment même où l'on prétend l'établir [1].

On n'entrera point ici dans les inconvénients
particuliers que présente le scrutin de liste, dans
les combinaisons qu'il provoque, les ambitions
qu'il suscite, les surprises qu'il entraîne. Ce sont
là des faits trop aisément saisissables pour mériter l'honneur d'une étude spéciale. Il suffit de

---

[1] « Le peuple a-t-il une autre manière d'exprimer sa volonté que par l'organe de ses représentants? peut-il, dans
un gouvernement représentatif, retenir l'autorité qu'il leur
a confiée? Hors de l'Assemblée nationale, il n'y a que des
individus qui n'ont le droit de s'exprimer que par des péti-
tions. Le peuple est souverain quand il élit; il jouit de sa
souveraineté quand les représentants décrètent. » (Lettre de
Dupont de Nemours à Pétion, maire de Paris, à propos de
la fête donnée aux Suisses de Château-Vieux.)

constater que le suffrage universel absolu n'a rien à démêler avec ce qu'on appelle une « élection » dans le sens propre du mot. Les votants ne sauraient « choisir » en aucune manière l'homme qui leur paraît le plus apte à les représenter. Il faut absolument qu'ils lui demandent ou lui proposent l'aumône d'une dépense considérable, et ils ont toujours à craindre de le voir ou escompter l'avenir pour se rembourser de ses avances, ou dissimuler ses principes pour tenir dans leur programme.

Ces nécessités qu'il faut subir restreignent dans un cadre singulièrement étroit le choix prétendu libre des électeurs. Il ne reste pas même au suffrage universel la ressource de prétendre qu'il se meut dans ce cercle restreint avec plus d'intelligence et d'autorité que dans tout autre mode de votation.

En ce qui concerne l'intelligence du suffrage universel, l'ancien adage : « Vox populi, vox Dei », n'est, suivant l'interprétation qu'on veut lui donner, qu'un non-sens solennel, ou bien la plus exorbitante et la plus insoutenable des prétentions.

Il faut n'avoir jamais réfléchi un seul instant à la nature intime de l'   main, pour ne pas distinguer à prem'   vue les   irations légiti-

2.

mes du sens commun et les jugements discutables
de la raison.

Le bon sens réduit à sa véritable sphère d'action
ne comprend dans son évidence qu'un fort petit
nombre de vérités. C'est à peine si ce domaine
restreint s'étend quelque peu du côté de la morale.
La lumière naturelle de la conscience nous éclaire
un peu plus avant que nos autres moyens d'infor-
mation abandonnés à leur spontanéité primitive.

Voilà pourquoi vous pouvez, sans trop de
hasard, consulter l'opinion publique et vous fier
à son impression lorsqu'il s'agit de prononcer sur
la valeur morale d'un acte très-simple et parfaitement défini. La moindre complication de circonstances suffit souvent pour déconcerter notre abandon et pour jeter une certaine incertitude dans les
jugements des hommes.

En dehors de ces appréciations élémentaires et
en quelque sorte primordiales, la voix du peuple
ou le sens commun n'est plus, comme on affecte
de le croire, l'oracle souverain de la vérité, mais
bien plutôt, comme on se réserve de le penser et
comme on s'arrange pour en tirer parti, un préjugé ou un écho.

Lorsque l'ancienne philosophie écrivait au fron-
ton du temple de Delphes, qu'il faut d'abord se
connaître soi-même, elle n'entendait pas seule-

ment par là qu'il est difficile de descendre dans son propre cœur ; mais, d'une façon plus générale et plus profonde, que l'âme humaine est tout à la fois un abîme et un mystère. Quel homme osera dire qu'il connaît à fond et sans qu'il lui reste absolument rien à apprendre, la mère de ses enfants ou le fils même auquel il a donné le jour ?

Le choix d'un représentant comporte cependant, si l'on veut bien y réfléchir, cette difficile connaissance des hommes qui tour à tour provoque et désespère les penseurs les plus profonds. Il ne s'agirait pas seulement, pour réaliser une élection idéale, de connaître le fond moral de l'homme auquel on confère le droit de nous représenter : il faudrait encore, pour bien faire, avoir pris une parfaite connaissance de ses vues politiques sur les questions pendantes ; il faudrait l'avoir assez pratiqué pour pressentir à coup sûr la position qu'il va prendre ou le sens dans lequel il va s'engager relativement aux problèmes de l'avenir ; il faudrait, en un mot, être assez fort pour lire dans cet esprit, comme dans les principes d'un raisonnement logique, les conséquences que son caractère imposera sans doute à sa pensée.

Hélas ! S'il fallait attendre, pour voir fonctionner les gouvernements, une époque ou une com-

binaison dans laquelle tous les électeurs répon-
dissent à ce programme, le plus sage serait
probablement d'y renoncer et de s'accommoder
tout doucement de l'anarchie. Mais si la plupart
des combinaisons politiques demeurent à une
notable distance de ce résultat, il faut bien reconnaître que le suffrage universel reste la plus
éloignée de toutes. Le sens commun sur lequel
on compte si mal à propos pour des appréciations
tout à fait étrangères à sa compétence, a précisément pour caractère essentiel de ne pouvoir absolument pas être remplacé ni suppléé dans la spontanéité de ses affirmations primitives. Il en résulte
que tout esprit incapable de réfléchir et jaloux de
prononcer, n'a d'autre refuge que le hasard et
d'autre ressource que les préjugés.

Les événements contemporains ne viennent que
trop ici confirmer les principes. Ce serait une
étude à la fois neuve et curieuse que d'analyser
en détail les motifs par lesquels s'est décidée, en
plus d'une occasion, cette prétendue intelligence
du suffrage universel. La vérité est que, chez un
peuple étranger à toute discipline en même temps
qu'ennemi de toute autorité, la première condition pour mériter la voix d'un électeur n'est pas,
comme on pourrait le croire, d'en être connu
sous des rapports avantageux, mais seulement de

traîner à un titre quelconque dans les souvenirs de sa mémoire. Comme je reprochais à un ouvrier de donner sa voix à un homme malhonnête et qu'il savait tel : « Au moins, me dit-il, j'ai déjà entendu prononcer ce nom, tandis que je ne connais pas l'autre. » C'est là une application imprévue, dans l'ordre politique, de l'horreur de l'inconnu naturelle à tous les hommes. En revanche, il ne faut plus se montrer surpris des choix étranges auxquels aboutissent des motifs aussi singuliers.

Pour qu'il y ait vraiment choix et représentation politique, il faut visiblement, si l'on me permet l'exactitude de ce langage, que le représentant soit dans un certain rapport avec le représenté : pour qu'il y ait une image et un portrait sur la toile, il faut qu'un paysage se soit offert au peintre et qu'un modèle ait posé devant l'artiste. Où se trouve, dans cette masse confuse d'hommes, surprise ou endoctrinée, un ensemble de vues politiques sur le gouvernement et l'organisation de la société? L'élu ne saurait donc concentrer dans sa personne un ensemble de vues raisonnées et poursuivies. Il répond, non pas à un système dont ses mandataires aient individuellement conscience, mais tout au plus à un accord de passions ou à une rencontre de calculs.

Les partisans les plus fougueux et les plus irré-
conciliables du suffrage universel absolu ont mieux
compris et avoué plus hautement que personne
jusqu'à quel point l'autorité devait nécessairement
faire défaut à ses mandataires. Lorsqu'un des enfants terribles du parti démagogique faisait construire une immense salle à Paris pour y venir
recevoir les interpellations et les ordres de ses
électeurs et se retremper ainsi chaque soir dans
une sorte de suffrage permanent, il cédait,
comme il l'a fait dans d'autres occasions, à une
sorte de logique instinctive plus puissante que ses
emportements factices. Il comprenait, sans se
l'avouer à lui-même, que le suffrage universel
absolu ne peut enfanter dans ses choix une ex-
pression durable, puisqu'on ne saurait, en effet,
immobiliser le préjugé, la passion et le caprice.
Il est donc plus simple que le mandataire ne se
considère plus comme une personne réelle dans
la capacité de laquelle ses électeurs auraient eu
confiance, mais plutôt comme un produit varia-
ble, momentané, fugitif, une résultante mobile
de forces dont chaque instant peut rompre l'é-
quilibre et déranger les proportions.

Pour qu'une assemblée issue du suffrage universel absolu fût la représentation exacte du peuple qui la nomme, il faudrait qu'elle en partageât

les ignorances, les préjugés, les incertitudes, qu'elle en acceptât les impulsions et en subît les revirements. Il faudrait que, mobile comme la multitude, elle remplaçât comme elle l'absence des idées par la violence des passions, les solutions empruntées aux sciences politiques par les expédients demandés à l'improvisation. Plus cette assemblée manquerait de préparation et de suite, mieux elle reproduirait l'état moral des électeurs qui l'auraient nommée.

Le député du suffrage universel ne saurait donc, comme l'a très-bien discerné l'esprit démagogique, tirer aucune autorité du chiffre ni de l'accord de ses commettants. Il doit emprunter toute sa valeur à lui-même, et nous arrivons à ce dernier résultat d'une représentation nationale qui devient, par la force des choses, étrangère et même hostile à ses électeurs, dans la mesure où elle s'affirme et s'accentue.

Ces inconvénients du suffrage universel absolu s'expliquent aisément si l'on veut considérer les principes qu'il viole.

II

Bien qu'on puisse juger l'arbre par ses fruits, un caractère par ses actions, une institution politique par ses conséquences, nous ne prétendons point opposer au suffrage universel, comme une fin de non-recevoir, les contradictions où il tombe ni les difficultés qu'il entraîne. Il vaut mieux chercher dans son essence même la raison des reproches qu'on lui adresse.

Le suffrage universel, malgré le respect dont on l'entoure et l'inviolabilité qu'on lui prête, repose en dernière analyse sur un préjugé, et ce préjugé n'est lui-même que la traduction populaire d'une grossière erreur philosophique.

On affecte, dans l'homme, de confondre la personne morale avec le citoyen.

La personne morale, c'est-à-dire l'âme habitant un corps que nous sommes, tire, dit-on, du fait même de son existence un certain nombre de droits inhérents à la nature humaine, droits faits, par conséquent, pour être respectés en tout état de cause, sous peine de porter atteinte à notre inviolabilité.

L'escamotage politique se réduit ici à une opération fort simple et bien connue des logiciens les moins expérimentés. On précipite la généralisation; on se jette par un dénombrement imparfait dans une induction prématurée, ou, plus simplement, pour nous en tenir à la rigueur du fait, on regarde le droit de voter comme inhérent à la

personne même, au lieu d'en faire un des attri-
buts, une des fonctions du citoyen.

Tout le sophisme des démocrates repose sur
leur ignorance absolue des conditions rigoureuses,
imposées dans l'ordre privé aussi bien que dans
l'ordre politique à la reconnaissance et à la con-
sécration de toute espèce de droits.

Discutons la question avec l'ampleur qu'elle
demande, comme aussi avec la clarté qu'elle
exige.

Vous me parlez de droits inhérents à la personne même, droits qui résultent de sa nature et
dont, par conséquent, le fait seul de votre existence morale vous mettrait en pleine et entière
possession. Subsidiairement et en vertu de ce
principe une fois reconnu, vous faites entrer le
suffrage parmi ces droits primordiaux, de telle
sorte que le jour où il est question d'en discuter
la légitimité ou d'en restreindre l'application,
vous vous croyez autorisé à pousser des hurle-
ments, à prendre à témoin Dieu et les hommes,
absolument comme s'il était question de rétablir
l'esclavage antique et de renfermer l'artisan moderne dans « l'ergastulum » des maîtres romains.

Ainsi, pour serrer de près votre fantôme d'argumentation, vous affirmez en premier lieu un
principe, à savoir : que le fait purement matériel

de l'existence morale entraîne et consacre les droits de la personne ; vous tirez ensuite comme conséquence de ce principe l'inviolabilité absolue du suffrage et son privilége de n'être pas même discuté, puisqu'il vous paraît se confondre avec les droits personnels dont il fait partie intégrante.

On laissera ici de côté, suivant les règles d'une saine logique, la discussion de la conséquence, pour la reprendre, s'il est nécessaire, en son lieu et à son heure.

On s'attaquera, comme on le doit dans un raisonnement bien conduit, au principe lui-même.

L'argumentation est des plus simples.

Il suffit de nier ce principe et de montrer qu'il a, en effet, contre lui toutes les expériences de la nature humaine en même temps que, dans l'ordre politique et social, toutes les prescriptions des lois et toutes les traditions du sens commun.

Vous dites, non sans raison, que la personne morale apporte, en venant dans ce monde, un certain nombre de droits inhérents à sa nature et par conséquent indéniables sous peine d'attentat à notre inviolabilité. Votre erreur est de ne point distinguer entre ce qu'Aristote aurait appelé justement l'existence « virtuelle » de ces droits et leur exercice social dans l'ordre du monde extérieur. Dès que ces droits sont appelés à sortir de la sphère idéale des purs concepts pour rentrer dans la pratique de la vie, aucun d'eux, lorsqu'il s'agit de se faire reconnaître et respecter, ne se réclame plus du fait de notre existence morale et ne prétend plus y trouver son seul et unique fondement. Il arrive, au contraire, que la reconnaissance et l'exercice des droits les plus incontestables demeurent soumis à des conditions très-nettes et très-arrêtées, de telle sorte que, si, en théorie, le droit est fondé platoniquement sur l'être essentiel de l'homme, dans la pratique il ne s'exerce et ne se reconnaît plus qu'autant qu'il se conforme à ces conditions dominantes. En dehors de ces conditions qui le définissent, aucun droit pratique n'existe plus dans la réalité.

Est-il un droit plus inhérent à la nature humaine que la possession de soi-même et la revendication de sa propre liberté? Peut-on concevoir qu'on touche à notre indépendance et qu'on nous ôte la disposition de notre être, sans attenter aux droits les plus sacrés et, pour me servir de vos propres expressions, à ceux-là mêmes qui sont à l'abri et au-dessus de toute discussion?

Cependant la société éclairée dès la première heure par les plus simples lumières de la raison, n'a pas hésité à reconnaître que ce droit de disposer de soi-même, si intimement attaché à la personne, comportait, pour être exercé et maintenu, l'intégralité psychologique de cette même personne. Il ne suffit pas qu'elle « soit » ontologiquement, il faut encore qu'elle existe dans les conditions humaines de l'être moral.

Voilà pourquoi, dans le cas de l'aliénation mentale, le droit de la personne à disposer d'elle-même n'est plus reconnu. Il en va de même du cas où la corruption de la volonté et la perpétration d'un crime dûment établie ont créé au délinquant, vis-à-vis de l'ordre social, une dette qu'il solde par la privation légale de sa liberté.

Toutes les dispositions qui en matière civile ou criminelle règlent l'état des personnes, ne sont pas autre chose qu'une énumération logique des conditions auxquelles chaque espèce de droit est appelée à se soumettre pour être admise à s'exercer.

N'appartient-il pas au fils de succéder au père, et en général la capacité de succéder ne se règle-t-elle pas à juste titre dans le partage des successions sur le degré exact de la parenté ?

C'est pourtant un des axiomes· du droit, que « l'on n'hérite point de ceux qu'on assassine ». Ici le droit du sang cède devant la condition de moralité et s'incline devant la vindicte publique.

La mère veuve a la tutelle de ses enfants. Cependant on assemble de nouveau le conseil de famille si elle se remarie, et le cas de mauvaises mœurs lui ôte l'exercice de son autorité en même temps que le droit au respect.

Le père lui-même ne se voit-il pas soustraire ses enfants par un tribunal pour inconduite ou pour violence ?

On ne saurait parcourir ici le code tout entier.

Chacun pourra, dans la mesure de ses notions en jurisprudence, augmenter le nombre de ces exemples.

On ne se laissera pas tromper à la forme négative adoptée par la loi pour marquer les limites qu'elle trace.

Lorsqu'elle dispose, par exemple, que telle espèce de condamnation encourue en police correctionnelle entraîne l'inhabileté à exercer dorénavant le droit de tutelle, il est bien entendu que cette limitation négative revient en réalité à affirmer que, pour exercer sur les enfants des autres cette représentation de la puissance paternelle, il faut avoir conservé un certain degré de moralité et de respect de soi-même que telle ou telle condamnation ne comporte plus.

Le citoyen qui se trouve dans ce cas n'est point pour cela exclu de l'héritage qui peut lui surve-

nir; il ne devient point pour cela inhabile à re-
cueillir une succession. Le défaut de moralité
qu'on lui reproche ne l'empêche point d'exercer
ses droits par rapport à l'acceptation ou à la
transmission de la propriété; il fait un testament
valable et figure valablement dans le testament
d'autrui.

Cet exemple prouve une fois de plus qu'il n'est
point de droit dont soit investie la personne morale, sans que l'exercice de ce droit relève de conditions nettement définies.

A plus forte raison faut-il avoir recours à cette
distinction fondamentale lorsqu'il s'agit des droits
politiques exercés par le citoyen, et non plus des
droits personnels revendiqués par l'individu.

Il ne faut pas s'imaginer, comme on le fait si
complaisamment, que, pour vivre et pour se mou-
voir au sein d'une grande nation dont on porte
par sa naissance le nom national, on ait le droit
par cela même de se dire un citoyen complet et
actif, pas plus que pour avoir physiquement deux
yeux, un nez et une bouche, en un mot, une face
humaine, on ne compte en effet pour une personne morale, si l'on ne remplit en même temps
d'autres conditions.

L'homme qui n'a point sa raison a beau figurer
pour une unité dans les cadres statistiques du

genre humain, il ne saurait compter au nombre des personnes morales. Dans l'ordre des relations de la vie pratique, c'est véritablement, et quoiqu'elle existe en effet, une âme de moins.

De même, ce n'est point parce qu'un homme occupe en passant sur le sol d'un pays l'espace que couvre la plante de ses pieds, ce n'est point parce qu'il y respire toutes les vingt-quatre heures un certain volume d'air atmosphérique, parce que chaque jour il y consomme tant bien que mal une certaine quantité d'aliments, qu'au point de vue du publiciste et du philosophe il a le moindre droit de se ranger au nombre des citoyens.

Il y a longtemps que Cicéron en a fait la remarque, et sans doute il ne songeait point alors à fournir à personne des arguments contre le suffrage universel. Ce qu'on appelle un « État constitué » n'est point une réunion fortuite d'hommes pris et rapprochés au hasard. Il faut qu'il y ait entre eux des intérêts communs, un ordre prévu, des devoirs acceptés, en un mot, tout un ensemble de lois qui, pour maintenir les droits et assurer les devoirs, les définissent et les protègent.

La qualité de citoyen ressemble à toutes les autres aptitudes reconnues et consacrées par le code. Elle a beau être inhérente à la personne au point de vue métaphysique et idéal, en ce sens

que tout individu en porte au dedans de lui-même
la capacité virtuelle, il n'en est pas moins vrai
que, pour être un citoyen réel et pour exercer
dans l'ordre politique la plénitude des droits que
ce titre comporte, il faut non-seulement rentrer
dans l'humanité par l'âme et par le corps qu'on
a reçus de Dieu, mais, au point de vue politique,
faire partie de l'ordre social, y avoir ses intérêts
et sa responsabilité.

Il ne faut pas hésiter à dire, dût l'ignorance
s'en formaliser ou la passion s'en émouvoir,
qu'un mendiant recueilli par la charité publique
et placé pour le reste de ses jours dans une maison de charité ne saurait passer aux yeux d'une
philosophie un peu exacte pour un citoyen véritable. En vain ici se jetterait-on à plaisir dans les
confusions pour en faire un argument. Nous ne
prétendons point qu'isolé de la société et devenu
comme un paria au milieu de ses semblables, il
doive être abandonné, perdu, renié. Nous ne prétendons point que la société lui refuse la reconnaissance et le maintien d'un grand nombre de
droits qui ne sauraient s'exercer en dehors d'elle
et de sa toute-puissante protection. Le dernier des
malheureux lui doit le respect de sa personne, la
possession inviolable de ses misérables haillons,
un appui contre son fils qui le méconnaît, contre

son ennemi qui l'écrase. Mais, qu'on y prenne garde, ces droits et tant d'autres d'analogues qu'il serait facile de citer sont des droits purement civils, lesquels jusqu'ici n'ont absolument rien à démêler avec l'ordre politique.

A ce dernier point de vue, c'est-à-dire au point de vue de l'institution et du maintien du gouvernement, de l'organisation administrative, de l'économie de la richesse publique, ce mendiant ne saurait, à aucun titre, revendiquer une action ou une influence, si minime qu'on la suppose. La langue habituelle, dans l'énergie de son bon sens, dit qu'il ne présente pas de garanties. Il faudrait, pour parler plus exactement, dire qu'il ne remplit pas les conditions au prix desquelles on devient un membre de la cité politique. Il faut, pour y avoir sa place et pour y tenir son rang, avoir non pas seulement une valeur personnelle et intrinsèque perceptible au regard de l'intuition métaphysique, mais une valeur sociale, c'est-à-dire une représentation extérieure et appréciable de la personne. Tout homme qui n'est pas ainsi reproduit et attesté par quelque chose qui le rend responsable et solidaire des intérêts de tous peut assurément mériter comme individu tous les respects de ceux qui le connaissent, mais il ne saurait à aucun titre se prétendre citoyen et, par suite, revendiquer sa part d'action politique et de gouvernement.

Le suffrage universel inconditionnel et absolu repose donc, en définitive, sur une véritable déduction de sophismes. Il admet sans sourciller que le seul fait d'être un homme entraîne dans l'ordre de la vie pratique le plein exercice des droits de la personne morale, et dans l'ordre politique la qualité essentielle de citoyen avec tous les droits qu'elle comporte. Le malheur de cette assertion est que, dans l'ordre civil, toutes les législations la démentent, et que, dans l'ordre politique, aucune constitution, excepté la nôtre, ne l'a adoptée.

Cette extension du suffrage universel ne constitue pas seulement, en effet, une absurdité au point de vue de la logique la plus élémentaire des idées, mais encore un irrémédiable péril et une iniquité flagrante au point de vue du gouvernement.

De tout ce qui a été dit jusqu'ici, il résulte seulement que la raison se déconcerte et se révolte lorsqu'elle voit mettre au rang des citoyens actifs un homme qui, par son néant social, se trouve absolument en dehors de la chose publique, un homme qui porte le titre de citoyen sans en remplir les conditions, et en exerce les droits sans exister assez pour en connaître les charges. Mais nous sommes ainsi faits que la révolte de notre bon sens dure peu. Nous avons beau éprouver au premier abord un froissement qui va jusqu'à l'indignation, notre intelligence n'est malheureusement pas assez susceptible en matière de vérité pour ne pas finir par s'accommoder de l'erreur. Quand la masse détonne, nous prenons assez volontiers le parti de chanter faux avec elle.

Heureusement pour les droits imprescriptibles de la vérité si facilement oubliés et méconnus, la providence de Dieu n'a pas manqué d'attacher une sanction à l'erreur comme au crime. Toutes les fois qu'un principe essentiel est contredit, sa négation ne demeure point impunie, et l'application du principe contradictoire entraîne dans l'ordre pratique des résultats funestes.

Le suffrage universel absolu, qui nie au point de vue de la doctrine la séparation de la personne morale et du citoyen et qui dispense par une exception inqualifiable le seul exercice des droits politiques de toute espèce de conditions, n'est pas seulement choquant au point de vue de la raison, mais singulièrement dangereux au point de vue du salut social.

L'homme qui n'a dans la cité ni intérêts, ni responsabilité, ni devoirs; qui n'a ni représentation, ni obligation, ni prolongement extérieur par lequel il s'identifie à la patrie commune; qui n'a pas de preuves à faire ni de garanties à présenter, cet homme-là ne se trouve pas seulement par sa position sociale en dehors de toute véritable appréciation et de tout véritable sentiment politique; mais il est, par la force même des choses, l'ennemi de ce qui est, l'adversaire de ce qui dure, le fauteur de ce qui se prépare.

Peut-il trouver bon sans arrière-pensée et défendre sans réserve un ordre de choses où il n'a pas encore sa place au soleil? N'est-il pas comme ces hommes arrivés trop tard et demeurés sur le rebord des grandes foules, qui attendent une poussée pour pénétrer par quelque intervalle et se frayer ainsi un chemin?

Il y a ici un double danger : l'un plus violent et moins terrible, l'autre plus infaillible et aussi plus redoutable.

Ces mécontents de l'ordre social, ces faux citoyens auxquels vous pouvez bien conférer des droits mais non pas la capacité de s'en servir, se divisent en deux catégories.

Les premiers ne dissimulent ni la haine qui les inspire ni la vengeance qu'ils poursuivent; ils ne veulent accorder à la société ni merci ni miséricorde. Ceux-là ont renoncé à garder même les faux semblants de la justice. Un état de choses dans lequel ils sont si peu, quand il leur serait si agréable d'être tout, ne leur paraît pas supportable. Ils s'avouent franchement pour les démolisseurs de l'ordre établi ; et lorsque dans une circonstance tristement célèbre ils ont porté la main sur les édifices de la grande cité parisienne, leur action matérielle, malgré les déplorables ruines qu'elle a entassées, n'était pas autre chose que le symbole lugubre d'une autre destruction plus profonde et plus lamentable dont ils poursuivent l'achèvement par l'extermination de l'ordre moral.

Les électeurs de cette dernière et infime catégorie, quelque absurde qu'il soit d'ailleurs de leur mettre l'arme du vote entre les mains, ne font point courir à nn pays autant de danger qu'on pourrait le croire au premier abord. Le cynisme épouvante plutôt qu'il ne rallie ; mais cette tourbe des assassins publics, inévitable dans toute nation, trouve, grâce au suffrage universel absolu, un appui inattendu dans le reste de ces concitoyens factices qui votent sans droit et sans conditions.

Supposons-les, si cela vous plaît, aussi honnêtes, aussi modérés, aussi justes qu'on le voudra. Il n'en est pas moins vrai que, dénués comme ils le sont de tout centre de gravité sociale, ne présentant aucune surface à la responsabilité

4

et à la considération extérieures, n'ayant aucune
mise de fonds dans le capital national, ils ne
peuvent pas faire autrement que d'offrir une matière toute prête aux nouveautés les plus dangereuses et aux révolutions les moins justifiées. Ce
serait faire une hypothèse gratuite que de leur supposer une éducation achevée, des traditions constantes, des instincts conservateurs : l'exiguïté de
leur situation ne permet d'attendre d'eux rien de
pareil. Ils auraient par devers eux tous ces pré-
servatifs, qu'ils n'en seraient pas moins vaincus
un jour ou l'autre par le mécontentement secret
qui résulte de leur infériorité. Leur instinct parle
plus haut que leur raison. On aurait beau leur
persuader cent fois la sagesse et la justice des
institutions qui fonctionnent sous leurs yeux ; on
aurait beau leur montrer d'une façon évidente la
relation qui, la plupart du temps, unit la souf-
france au désordre ; il leur suffit, en fin de
compte, pour se ranger du côté de l'audace, même
criminelle, d'écouter cette vague inquiétude qui
murmure toujours au fond du cœur humain. Ne
croyez pas que les gens d'ordre et de conservation
soient plus que les autres affranchis de ces tres-
saillements et de ces impatiences. S'ils voulaient,
à l'exemple des purs démocrates, prêter l'oreille
à ces grondements ou la main à ces émotions,

ils ne seraient pas à leur tour moins hardis et moins absolus que personne. Ce qui les retient, ce qui en fait une sorte de lest capable de prêter de la stabilité à l'équilibre, c'est que leur enjeu dans cette partie des révolutions est trop considérable, et que, toute proportion gardée, ils ont encore meilleur compte à troquer la chance de conquérir contre la certitude de garder.

Les électeurs du néant ressemblent à ces joueurs de bourse qui poussent vivement leurs combinaisons, sans se demander comment en cas de perte ils pourront solder leur différence. Non pas qu'ils aient, au moment même où ils spéculent, le mauvais dessein de se laisser exécuter, mais ils écartent systématiquement de leur pensée l'éventualité d'une perte et s'engagent avec d'autant plus de témérité qu'ils se sont plus délivrés des préoccupations.

Il entre donc dans la nature du suffrage universel, pratiqué sans conditions et sans limites, d'agir d'une façon continue et impitoyable contre les principes mêmes de la société. En vain les hommes politiques essayent-ils de s'en accommoder. Convaincus des vérités que nous venons d'exposer, ils redoutent de troubler le silence convenu et de pousser quelques notes discordantes. Ils savent d'avance quelles clameurs ils

soulèveraient dans le parti adverse. Ils craignent
pour leur avenir d'hommes d'Etat ou pour la situation de leur parti. Ils aiment mieux agir par
des palliatifs que par des remèdes. Certains
manquent de courage pour porter le fer dans la
plaie ; d'autres, d'instruction pour sonder la pro-
fondeur du mal ; d'autres enfin, peut-être, d'élo-
quence pour persuader l'opération au malade.

Les temporisateurs qui s'obstinent à tourner
les choses dans un sens favorable, ceux qui font
des commentaires anodins sur le passé et des pro-
nostics favorables sur l'avenir se laissent égarer par
deux illusions aussi décevantes l'une que l'autre.

Il leur paraît qu'en certaines circonstances, le
suffrage universel absolu, mis en demeure de
fonctionner sans entente préalable et dans des
circonstances extrêmement périlleuses, ne s'en
est pas en définitive trop mal tiré. Ils mettent
complaisamment en relief l'énergie et l'intelligence dont il a fait preuve. Il leur semble que si
le hasard ou l'improvisation ont suffi à garantir au
delà de toute espérance les intérêts d'un pays, on
peut attendre, à plus forte raison, du temps, de
l'habitude, de la discipline, des résultats plus
éclairés et plus rassurants.

Ne peut-on pas, sans entreprendre sur ce point
une discussion en règle, les inviter à examiner si

ce fonctionnement imprévu et anormal du suffrage universel absolu peut bien entrer en ligne de compte; s'il arrive souvent à une nation d'être' saisie d'une même pensée; si la seule durée de l'institution n'est pas faite pour amener le morcellement et l'irritation des partis; si, contrairement à ce qui doit être, c'est la réflexion qui est faite pour perdre et la spontanéité pour sauver.

Une autre illusion des défenseurs avoués ou tacites du suffrage universel consiste précisément à ne point discerner les conséquences inévitables que doit entraîner cette extension absolue du suffrage. Il est facile de voir, sans entrer dans l'énumération des faits contemporains, dans quel sens il se prononce, et je me demande qui peut se dissimuler aujourd'hui l'imminence et la certitude du péril.

Ce n'est donc point une entreprise oiseuse de chercher quelles doivent être dans l'ordre pratique du droit constitutionnel les limites et les conditions du suffrage, après avoir tracé, comme nous avons essayé de le faire, ces mêmes conditions et ces mêmes limites dans l'ordre moral du droit naturel.

SECONDE PARTIE.

I

Cicéron, dans le troisième livre du *Traité des devoirs*, a entrepris d'établir qu'à un point de vue très-élevé l'honnête se confond avec l'utile et qu'obéir à sa conscience est encore la meilleure manière de servir ses intérêts. Cette consolante maxime ne paraît pas toujours s'appliquer d'une façon bien exacte à l'existence privée des individus, où la vertu coûte si cher et cause parfois tant de déchirements. En revanche, elle se vérifie presque toujours dans l'ordre politique. Toute violation du droit et du devoir y entraîne des conséquences funestes. C'est là surtout qu'on peut appliquer le mot du poëte Horace : « Il est rare que le châtiment au pied boiteux n'atteigne pas le coupable qui s'enfuit à son aspect. »

Puisque le suffrage universel, pratiqué sans conditions et sans limites, entraîne dans l'ordre social les inconvénients dont nous avons parlé, il est trop visible qu'il porte en lui-même un principe de contradiction et de ruine. L'incertitude à laquelle il réduit les choix, la confusion qu'il dénonce dans les idées, la faiblesse dont il frappe le gouvernement, tout atteste, au point de départ de cette théorie, une flagrante erreur de principe, la négation de quelque vérité essentielle qui manque ensuite à la pratique et la jette tout à la fois dans l'absurdité et dans la folie.

Il ne faut pas aller chercher bien loin la métaphysique du suffrage universel. Cette prétention de conférer le droit de vote absolument, indistinctement, à tout homme capable de porter un bulletin jusqu'à l'urne électorale, repose sur une confusion des principes et des notions les plus élémentaires. On ne distingue pas entre la personne morale de l'individu et la fonction politique du citoyen. On admet, sans songer à le discuter et sans éprouver le besoin de l'établir, que le seul fait d'exister, de vivre, entraîne, comme une conséquence logique et une dépendance nécessaire, le droit absolu et indiscutable de prendre une part quelconque à la direction et au gouvernement de son pays.

Cette affirmation d'une identité absolue entre le citoyen et la personne morale, identité qui confond et égalise absolument leurs droits et leurs devoirs, constitue si bien le fond de la doctrine du suffrage universel absolu, que les partisans de ce même suffrage ont toutes les peines du monde

à se débarrasser de la question des femmes et de
leur participation à l'action politique au même
titre que les hommes. Ce n'est pas en vain que
M. Stuart Mill a intitulé son récent petit livre :
L'Affranchissement des femmes. Dès qu'il est
admis que tout être libre et raisonnable, doué
d'un corps et d'une âme, placé dans un rang supérieur à celui des animaux, a le droit de mettre
la main dans la direction politique du pays par
cela seul qu'il possède une figure humaine; dès
qu'on ne demande aucun titre et qu'on n'exige
aucune condition de capacité, il devient bien
difficile de discerner pourquoi la plus belle
moitié de notre espèce demeurerait privée de ce
droit primordial.

Il est toujours aisé de confondre et toujours
difficile de distinguer. L'ignorant qui englobe
sous une même dénomination le bœuf, l'ours et le
lion, sous prétexte que les uns et les autres
marchent à quatre pattes et présentent une similitude générale dans la structure extérieure, n'a
pas besoin de se mettre en frais de dissections
anatomiques. Il s'en tient purement et simplement
à son erreur, et ne sort point de ces vagues analogies qu'il prend pour de l'identité. Vous entre-
prenez, au contraire, de l'initier aux caractères
sur lesquels se fondent l'espèce et le genre

scientifiques; il devient dès lors nécessaire de le ramener aux notions fondamentales de l'histoire naturelle.

Nous aussi, nous avons à faire une distinction délicate, ignorée, méconnue. Nous avons à montrer que le seul fait de compter pour une unité individuelle dans la sphère du monde moral ne suffit en aucune manière pour créer ni pour établir aucun droit dans la sphère du monde politique. Bien loin d'avoir devant nous les deux membres d'une même équation, qu'on peut sans erreur ni dommage prendre pour équivalents et substituer l'un à l'autre, l'analyse nous révèle au contraire ici, une véritable solution de continuité, un passage qu'il faut franchir. Nous aurons donc à établir tout d'abord la séparation sociale du citoyen et de la personne, puis à rétablir le passage et à montrer par quelle gradation, au prix de quelles garanties, le citoyen peut être admis à voter.

La démocratie pure ne prétend pas seulement assimiler une fonction politique à un droit personnel, mais elle perd de vue les distinctions les plus élémentaires. Elle confond en un seul tous les droits naturels de la personne morale considérée isolément, les droits civils de cette même personne considérée dans ses rapports avec ceux qui l'entourent dans le milieu social, enfin les droits politiques qui, reconnus au citoyen d'un Etat libre, lui permettent de mettre la main dans la création du pouvoir, son exercice, sa direction.

Les droits naturels de la personne morale lui apparaissent clairement dans la sphère intérieure de sa conscience. L'homme sait qu'il est libre, qu'il lui appartient, dans la mesure de son caprice, dans l'exercice de sa dignité, d'écouter ou de repousser les mouvements sensibles, de céder ou de résister à son imagination, d'abandonner son intelligence à elle-même ou de la discipliner par la méthode, de livrer ses actions au caprice du hasard ou de régler sa destinée par les résolutions de la sagesse. Comme il demeure responsable de lui-même vis-à-vis de la Providence divine, il ne saurait, en ce qui concerne ces rapports purement intérieurs, accepter aucune initiative étrangère. Il n'est permis à personne de sentir, de penser ou de vouloir pour lui : il revendique le droit de se fier à ses propres impressions, de consulter ses propres lumières, de s'appuyer sur sa propre volonté.

Les manuels de morale de toutes les sectes et de toutes les époques ont parfaitement défini cette première espèce de droits, en les mesurant aux devoirs que l'homme est tenu de pratiquer envers lui-même. Ces obligations qui concernent notre corps et notre âme, nos facultés sensibles, intellectuelles, morales, s'arrètent au dedans de l'homme et n'aboutissent point jusqu'à une manifestation extérieure où se trouveraient intéressés nos rapports avec nos semblables. S'il nous arrive, sous ce rapport, d'ètre initiés à l'état moral de nos semblables et de porter sur eux une appréciation, c'est qu'eux-mêmes se sont exprimés et trahis; autrement, tant qu'ils demeurent dans leur âme, leurs vertus et leurs vices ne nous intéressent pas encore et ne sauraient émouvoir nos jugements.

Toutefois l'homme ne saurait ainsi demeurer éternellement renfermé au fond de lui-même. Il naît dans la société; il y demeure; il s'y développe. Vouloir le considérer en dehors de cette condition absolue, c'est en faire non plus le sujet vivant de l'observation, mais le fantôme d'une chimère. Rien que pour être et pour passer des ombres du néant à la réalité de ce monde, il entre dans sa condition de nouer bien des rapports et de soutenir des relations bien diverses avec les personnages les plus différents : la femme, les parents, les enfants, les supérieurs, les inférieurs, les débiteurs, les créanciers, et tant d'autres personnages dont la liste deviendrait trop longue, puisque chacun de ces mots représente un des rapports qui peuvent exister entre l'individu et ses semblables, soit au point de vue de leur coexistence, soit au point de vue de leurs relations.

Il importe, pour bien se rendre compte de l'essence des droits civils, de ne pas perdre de vue qu'ils ont pour ainsi dire, comme l'homme luimême, une nature double, et qu'on peut les considérer, soit au dedans de l'âme où ils se conçoivent par la raison, soit au point de vue du dehors où ils se réalisent par des actes. Par exemple, le père a autorité sur le fils auquel il a donné le jour. Il a conscience de ce droit, lequel tient à la nature des choses. Dans l'ordre social, cette autorité se traduit par l'obéissance extérieure, par la soumission, la dépendance, lesquelles comportent une certaine quantité d'actes correspondants et corrélatifs. Ces actes dont la société sanctionne l'accomplissement, ne sont pas autre chose que la reconnaissance psychologique du droit naturel du père, en tant que ce droit est appelé à s'exercer dans l'ordre des faits sociaux, et non plus à se formuler dans les perceptions internes de la conscience. C'est ainsi que la loi proclame la reconnaissance du droit des parents, en prêtant main-forte à la détention par voie de correction paternelle ; c'est ainsi qu'elle demande le consentement du père pour le mariage ou les actes respectueux qui en tiennent lieu ; c'est ainsi qu'elle réserve la part des ascendants dans la succession des filles et des fils. Chacune des situations que peut ainsi occuper l'individu dans les relations de la vie privée implique le respect, dans l'ordre social, des droits que la conscience se reconnaît au dedans d'elle-même, et une société est d'autant plus avancée et plus parfaite, que les droits formulés par le code expriment d'une façon plus pleine et plus vraie les droits que l'homme s'attribue dans son for intérieur.

Il faut arrêter ici cette série d'idées. C'est ici que le dissentiment se prononce, et que les partisans du suffrage universel absolu commettent l'étrange confusion qui devient le point de départ de tout leur système.

De ce que la personne humaine a des droits qu'elle revendique dans l'accomplissement de ses devoirs vis-à-vis d'elle-même, ou dans l'exercice extérieur de son activité à travers le milieu social, les absolutistes du suffrage universel tirent cette conclusion que ces mêmes droits s'étendent, par une conséquence indiscutable et nécessaire, jusque dans l'ordre politique.

Cette erreur, comme il est déjà arrivé tant de fois dans tous les ordres de science, repose sur une généralisation aventureuse. Comme ils ne font pas la différence des fonctions politiques avec les droits civils et les droits naturels, il leur semble acquis d'avance de passer sans transition de l'un à l'autre de ces deux ordres d'idées. Leur raisonnement complet est à peu près le suivant :

— Tout homme a des droits puisqu'il est libre.

— Ces droits sont faits pour être respectés par la société. — Ils ne peuvent être suffisamment respectés et ne sont complétement reconnus qu'à la condition de conférer à chaque homme une part personnelle dans le gouvernement de cette même société.

On a beau faire ; quelque complaisance qu'on y mette, à quelque illusion qu'on se livre, il n'est pas possible de saisir à première vue le lien logique qui, d'après nos adversaires, enchaînerait l'une à l'autre ces deux dernières assertions. On cherche en vain quel rapport il peut y avoir entre la possession de soi-même dans l'ordre individuel ou social, et le droit à une action quelconque dans le déploiement de l'autorité gouvernementale.

Autre chose, en effet, est l'existence d'intérêts palpables et même de droits sacrés, autre chose la gestion de ces intérêts, la création et le maintien d'institutions capables de reconnaître et de faire triompher ces droits.

Ce n'est point, dans le monde, la vivacité des désirs ni l'impétuosité des résolutions qui assurent la réussite d'une entreprise. L'ardeur de nos souhaits ne fait absolument rien au succès de l'événement, et toute l'attente de notre imagination laisse la réalité parfaitement froide et parfaitement insensible.

Il en va de même, en politique, de la constitution du gouvernement.

Il n'est pas un citoyen qui ne désire passionnément le voir marcher de progrès en progrès, allier, dans une mesure sage, la ressource des nouveautés aux traditions acquises, et des réformes sans secousses à des souvenirs sans routine. Il n'est personne qui ne conçoive, soit pour lui-même soit pour autrui, un certain idéal qui trouverait moyen de servir tous les intérêts sans offenser aucun droit, et de satisfaire toutes les demandes sans froisser aucune résistance. Le malheur est que la sagesse politique n'a rien à démêler avec l'intensité de ces désirs et souvent le vertige de ces aspirations. Le succès, là comme ailleurs, n'appartient pas à ceux qui en sont le plus impatients et le plus avides, mais aux âmes

suffisamment préparées par les lumières de leur
esprit ou la force de leur volonté à l'exercice,
même intermittent, du pouvoir politique.

Il n'est donc point permis, en partant de la
personne morale, de la sainteté de ses droits, de
l'urgence de ses intérêts, d'aboutir par aucun
détour, aucune entorse du raisonnement, à cette
conséquence que le droit de participer à la gestion sociale résulte, en effet, de l'essence même
de notre personne et de l'incontestable usage de
nos droits civils. Ce n'est pas l'envie de comman-
der qui suffit à nous en rendre plus capables. Il
faut, pour prendre rang dans la hiérarchie politique, sortir en quelque sorte tour à tour et de la
personne morale et de la personne civile, les dé-
passer et les comprendre l'une et l'autre, les en-
velopper dans une notion supérieure et les élever
à une responsabilité plus grande. Il faut chercher, au point de vue du droit et non plus au
point de vue de nos préjugés et de nos prati-
ques, quelles conditions sont nécessaires pour
élever l'homme à la dignité de citoyen actif, et
quelles garanties il doit présenter à la délégation
du pouvoir.

II

Les démocrates radicaux, qui concluent si lestement de la personne au citoyen, du droit de vivre et de s'appartenir à celui de prescrire et de gouverner, n'ont pas pris garde que la loi même des faits s'élevait contre eux, et, pour ne point parler encore des droits politiques réservés jusqu'à notre conclusion, ils n'ont pas pris garde que les droits les plus essentiellement inhérents au fond même de notre nature ne sont jamais ni reconnus par la loi ni exercés par l'individu, sans que ce même individu présente des garanties suffisantes, définies, graduées. On peut dire hautement, malgré l'étrangeté de la proposition, qu'en dehors des garanties qui témoignent de la dignité de l'agent moral, il n'existe, dans la pratique, absolument aucun droit ni civil ni même individuel.

La liberté, entendue dans son sens le plus général, n'est-elle pas le premier privilége et l'attribut le plus inaliénable de la personne morale? On ose à peine la détacher de l'âme pour la considérer à part et pour en faire un droit distinct, lorsque les plus grands philosophes l'ont proclamée l'essence même de la nature humaine et la forme objective sous laquelle nous apparaît par la réflexion notre propre substance. Pourtant ce droit qui prime tous les autres et qui paraît à l'abri de toute atteinte, ne laisse pas d'être soumis à des conditions qui en autorisent et en règlent souverainement l'exercice.

Dès que l'homme cesse d'être maître de lui-même, aliéné qu'il est par la folie, l'ivresse qui l'égare, la passion qui l'emporte, cette même liberté se trouve, en vertu précisément du droit qui la fonde et qui l'impose à nos semblables, suspendue, niée, transférée dans la main d'autrui. L'homme, malgré son droit souverain, ne s'appartient plus : il faut désormais qu'il donne de nouveau des preuves solides de sa raison pour recouvrer sa liberté.

Il en va de même dans l'ordre civil, des droits les plus primitifs et les plus inattaquables. En vain la nature semble-t-elle conférer elle-même une juridiction presque sans limites aux parents sur les enfants auxquels ils ont donné le jour : la société, sans méconnaître le principe théorique, intervient, ici comme ailleurs, pour réclamer des garanties et poser par là même des limites à cette autorité. Il suffit d'ouvrir le code pour y trouver l'énumération des cas d'indignité qui, après la dissolution par la mort de l'union conjugale, ôtent au père ou à la mère la tutelle de leurs enfants. Le droit absolu de disposer de son bien souffre des exceptions, soit en vertu de l'incapacité du testateur, soit à cause de l'indignité du légataire. On voit ainsi, sans qu'il soit besoin de multiplier les exemples, que les droits civils les plus imprescriptibles en apparence ne sauraient s'exercer d'une façon abstraite ni s'imposer d'une manière absolue. Leur principe a beau ne point être contesté dans l'ordre de la pure théorie, l'exercice de ces mêmes droits n'en est pas moins conditionnel dans la pratique, et subordonné à des prescriptions de plus en plus rigoureuses à mesure qu'ils s'étendent et se particularisent.

La question politique ne saurait à aucun titre se dérober à la progression de ce raisonnement. S'il faut, à la lettre, faire preuve d'une capacité rigoureusement définie pour jouir de son libre arbitre, exercer l'autorité paternelle, disposer de son bien patrimonial, à combien plus forte raison ne devient-il pas nécessaire d'instituer une compétence quelconque pour mettre la main au timon de l'État et disposer, dans une certaine mesure, du présent et de l'avenir de ses concitoyens!

Il faut bien considérer, en effet, que le droit de vote est tout à la fois sans contrôle et sans responsabilité, que son intervention constitue, malgré l'intermédiaire d'un représentant élu, un véritable acte du pouvoir souverain, et qu'en définitive la chose publique est ainsi remise tout entière à la discrétion d'un choix qui peut personnifier tour à tour les tendances les plus dangereuses et les plus contradictoires.

M. Guizot prononçait dans une occasion célèbre ces paroles mémorables : « C'est l'œuvre des gouvernements de faire les choses difficiles. »

La direction politique d'une nation s'applique à des problèmes bien divers et bien complexes. Il y a là bien des résultats à atteindre et bien des intérêts à ménager.

Considérée dans son ensemble, l'œuvre des gouvernements est double : ils doivent être tout à la fois conservateurs et progressistes, maintenir ce qui existe dans la réalité et poursuivre les aspirations nationales vers l'idéal. C'est le privilège supérieur de la grande politique, et en même temps la loi providentielle de l'histoire, que l'unique manière de servir d'une façon durable les intérêts nationaux, c'est de les développer dans le sens de la vérité, de la moralité et de la justice. La question des voies et moyens comporte donc, de la part des gouvernants, tout à la fois une intelligence suffisante des situations pour en tirer parti, et un sentiment assez vif du devoir pour en maintenir les obligations. Avant tout, il est indispensable qu'ils aient eux-mêmes des intérêts palpables dans le fond commun de la patrie. Il faut qu'ils aient quelque chose à conserver, afin qu'ils ne se jettent pas tout entiers par mécontentement et par inquiétude dans ces « choses nouvelles et inattendues » (res novas) dont la sagesse de la langue latine a fait le synonyme du mot « révolution ».

Le droit politique est donc fait pour s'exercer, comme le droit naturel et comme le droit civil, dans des conditions parfaitement définies. Tout ce qu'on peut concéder sur ce point aux partisans de l'absolu, c'est que l'attribution des droits politiques à l'universalité des citoyens est un idéal auquel on peut tendre, puisqu'on doit souhaiter, en effet, que tous deviennent capables de les exercer. Mais tant qu'il y aura dans un même pays, d'un côté des hommes remplissant les conditions de l'électorat, et de l'autre côté des hommes situés en dehors de tout ce qu'exigent impérieusement le bon sens et la raison ; tant que les mêmes droits seront attribués aux uns par une dévolution légitime, aux autres par une disposition arbitraire, le suffrage universel demeurera un instrument d'iniquité, prêt à servir

toutes les oppressions comme à écouter tous
les caprices.

III

Les conditions auxquelles doit être soumis
l'électeur pour être trouvé apte à mettre la main
au gouvernement de son pays, pour être reconnu
citoyen actif et y prendre son rang comme personne politique, ces conditions sont au nombre
de trois, et peut-être peuvent-elles se réduire à
deux ou à une.

Ces conditions sont les suivantes :

— Un certain avoir qui engage l'individu dans
une participation matérielle et une solidarité directe avec les intérêts de tous ;

— Une intelligence développée au point qu'il
y ait présomption de lumières suffisantes pour
l'acte du vote ;

— Une moralité qui garantisse le maintien du
juste dans la gestion des intérêts et dans la pour-
suite de l'utile.

La première de ces trois conditions, c'est-à-
dire la possession d'un avoir qui engage la responsabilité matérielle de l'individu dans les chances de la solidarité nationale, a suscité bien des
indignations et provoqué bien des mé rises.

Les adversaires de toute restriction et de toute garantie empruntent ici à l'économie politique spiritualiste ses considérations les plus élevées dont ils font autant d'objections.

Il leur semble peu digne et peu conforme au but qu'on se propose, d'aller chercher, pour garantir la capacité intellectuelle et morale du citoyen, le fait si éminemment matérialiste et si peu concluant de la possession. D'ailleurs, ajoutent-ils avec de grandes autorités, l'homme a-t-il, en effet, besoin d'avoir entre les mains un actif déjà réalisé pour être véritablement un capitaliste? L'économie politique ne nous enseigne-t-elle pas, avec beaucoup de raison et de grandeur, que le moral de l'homme, sa capacité, son courage, son intelligence, et, comme l'aurait dit Aristote, « sa virtualité », constituent un capital réel et véritable dont une société bien organisée doit infailliblement lui assurer par une rémunération légitime la représentation extérieure. L'homme se double ainsi par le travail et l'épargne, et tout ce que l'on appelle dans le monde de ces noms si connus et si enviés : biens, fortune, richesses, n'est pour ainsi dire qu'une prolongation de nous-mêmes, une extension de notre propre personne, une sorte de création évoquée du néant par la mise en œuvre de nos facultés.

Il n'est pas nécessaire de rien contester de ces théories désormais acquises à la science, pour montrer la nécessité d'un avoir dans l'intérêt social lorsqu'on en réclame la gérance.

L'homme qui n'a rien, absolument rien, est visiblement en dehors des conditions que toute société est en droit d'exiger du législateur et du votant.

Des deux grandes fonctions que l'essence de tout gouvernement réclame, la conservation et le progrès, il en est au moins une que l'homme dont nous parlons ne saurait être apte à remplir. Il a beau être juste et droit dans le fond de son âme, loyal, désintéressé, magnanime dans la mesure qu'on voudra supposer, il n'en est pas moins vrai que sa situation personnelle le place en dehors de l'intelligence même de ses propres intérêts. Il est tout à fait, si l'on veut me passer la comparaison, dans la situation de ces vieux célibataires qui viennent donner aux mères et aux nourrices des conseils sur la meilleure manière d'allaiter et de vêtir leurs enfants. La possession d'un avoir emporte dans le monde une situation et une aptitude particulières. Le vieux proverbe n'est pas vain, lequel parle de l'aplomb d'un homme qui a de l'or plein ses poches. Il se passe quelque chose d'analogue dans l'ordre social. L'homme qui possède tire de cette situation de propriétaire, des lumières sur les intérêts sociaux considérés au point de vue de leur conservation.

Ce serait d'ailleurs faire trop d'honneur à la nature humaine et violer trop ouvertement les probabilités, que de supposer toujours à l'homme qui n'a rien un désintéressement aussi parfait et une justice aussi exacte. Il aura beau lutter contre lui-même pour rendre à chacun ce qui lui est dû, il ne peut pas ne pas se faire qu'à un moment ou à un autre, il ne cède pas au mécontentement et à l'aigreur naturelle qui naissent en quelque sorte invinciblement de sa situation. Il faudrait une intelligence bien ferme et une volonté bien droite pour ne pas souhaiter de toute son âme des réformes, même aventureuses, et pour ne pas hasarder des progrès, même incertains et périlleux. Tendez encore un peu la main à cette pauvre nature humaine, et vous ne tarderez pas à la voir s'abandonner à sa pente, passer du mécontentement à l'envie, et de l'envie à la haine et à la vengeance. Elle ne tardera pas à regarder l'hérédité comme un privilége, la propriété comme un vol, le maintien des droits acquis comme un attentat à l'égalité. Aussi, lorsque vous conférez gratuitement le droit de voter à tant d'hommes qui ne mettent en commun dans la société que leurs

6

passions et leurs rancunes, vous ne pouvez attendre d'eux ni l'intelligence ni l'exercice d'un devoir raisonné. Bien loin d'apporter à l'autorité leur juste part de soumission, d'intelligence et de commandement, ils se trouvent représenter tout naturellement ce fond d'indiscipline et de révolte qui se remue toujours dans les replis de notre caractère, cet éternel levain des guerres civiles qui fermente dans les sociétés les mieux organisées, ce sourd murmure qui gronde au fond de l'abîme dès qu'on descend dans les couches inférieures des civilisations.

Voilà précisément pourquoi le vote universel met les sociétés dans un péril incessant. Ce péril n'est que la conséquence d'une injustice. Il est souverainement inique, tandis que les autres nations prennent toutes leurs mesures pour réduire à néant l'action des classes dangereuses, suspectes, ou étrangères au bon ordre, de leur mettre entre les mains le pouvoir, ou du moins une portion notable du pouvoir. Cette autorité, empruntée et illégale au point de vue des principes, s'exerce, contre toute justice, sur ceux-là seuls qui y ont des intérêts et qui seuls devraient en disposer. A un point de vue très-élevé, c'est un véritable attentat à la propriété que de lui ravir, par un partage injustifiable, les droits que cette même propriété confère à l'exercice de la souveraineté par le suffrage restreint.

Il ne faudrait pas conclure de ces remarques au rétablissement de l'ancien cens électoral, ni redemander au nom de ces principes la liste des électeurs à deux cents francs. Sans doute, il n'est point impossible de soutenir que l'électeur est d'autant plus intéressé à la chose publique que l'avoir ainsi engagé se monte à une somme plus élevée, de la même façon que, dans un commerce, le commanditaire proportionne sa sollicitude à la somme dont il est le bailleur de fonds. Toutefois le raisonnement est plus apparent que réel et la similitude est superficielle. S'il est vrai de dire que, dans une entreprise, l'intérêt de chacun est proportionnel à l'importance de la somme risquée, il est évident qu'il ne faut pas mesurer cette importance au chiffre des écus, mais au rôle que joue cette même somme dans la destinée de chaque individu. Qu'est-ce que dix mille francs pour un des princes de la finance, et quelle importance cette mince fraction peut-elle avoir dans le compte de ses profits et pertes? Au contraire, dans une sphère différente, cette somme représentera la dot péniblement amassée d'une enfant chérie, l'épargne consciencieuse dont un fonctionnaire ajoute le revenu à sa mince

retraite, une fortune relativement immense pour
telle famille vouée depuis longtemps à la misère
et à la mendicité.

Le législateur a donc trop oublié alors, que
l'argent devait être un signe et une garantie,
mais non point une mesure inexorable et absolue
de la capacité électorale. Le petit propriétaire,
par exemple, peut en effet dans le régime social, représenter une autre espèce d'intérêt; mais
il n'est pas conforme à la nature du cœur humain
ni à sa loi la plus incontesable, d'admettre que
cet amour du sol et ce respect de l'avoir sont
moins vifs et moins tenaces par cela seul qu'ils se
concentrent sur un espace et un terrain plus res-
serrés. C'est plutôt le contraire qui aurait lieu.
L'amour de la conservation dans la propriété est
bien autrement vif et bien autrement opiniâtre,
lorsque l'homme tout entier paraît se résumer et
s'incarner dans cette représentation étroite de son
être.

Il est donc plus essentiel, dans l'ordre politique, de constater la réalité et la stabilité de la
possession que l'élévation de son chiffre. L'argent,
d'ailleurs, ne vous engage dans des intérêts que
parce qu'il représente des devoirs accomplis par
la conservation du patrimoine ou par la création de
la fortune.

IV

Tandis que la démocratie veille avec un soin jaloux à la conservation du suffrage universel absolu; tandis que toute condition, de quelque nature qu'elle puisse être, tandis que toute restriction lui paraît un attentat monstrueux contre la majesté et la souveraineté électorales, il est fort à remarquer qu'elle se montre assez disposée à accueillir une clause dont l'effet serait de supprimer tout d'un coup des milliers d'électeurs. Je veux parler de l'obligation, plusieurs fois proposée et même discutée, d'écrire son vote de sa propre main et sous les yeux du bureau, au moment de le déposer dans l'urne électorale.

Il n'est pas difficile de s'assurer, pour peu qu'on ait d'expérience politique, des motifs qui, dans les Chambres françaises, ont porté certains membres de la gauche à mettre en avant cette disposition. Il s'agissait beaucoup moins pour eux d'une question de principe que d'écarter du scrutin les classes agricoles, ceux que l'on a nommés depuis, non sans une certaine nuance d'ironie, « les ruraux ».

Au reste, quoi qu'il en puisse être de l'inten-

tion, et lors même que dans l'esprit de ses au-
teurs cette proposition ne serait qu'une manœu-
vre, elle n'en représente pas moins un système
électoral distinct, celui qui recherche la garantie
de la capacité, non plus dans la possession d'un
avoir mais dans une culture présumée de l'intelligence.

Le degré auquel s'arrêtent ici la plupart de
nos réformateurs est tellement inférieur, tellement humble, qu'il suffirait presque pour autori-
ser une fin de non-recevoir. Si une certaine ou-
verture de l'intelligence paraît la condition « sinè
quâ non » de la capacité électorale, on est bien
en droit de se demander si le fait de rassembler
les lettres de l'alphabet ou d'imiter tant bien que
mal les caractères de l'écriture, peut être considéré comme suffisant pour attester dans les âmes
l'habitude de la pensée. Réduites à elles-mêmes,
ces notions élémentaires dépassent de si peu,
dans l'ordre de la connaissance, les notions empruntées au moindre commerce avec les hommes,
que cet instrument d'instruction constitue plutôt
une présomption qu'une preuve de la culture intellectuelle.

Toutefois ne nous laissons pas arrêter à ces
observations préjudicielles, non plus qu'à ces difficultés accessoires. Prenons la question dans sa

véritable portée : demandons-nous si, en effet, le développement de l'esprit suffit toujours pour légitimer l'exercice du pouvoir et pour en répondre.

Il y a, dans la gestion sociale comme dans la conduite privée de l'individu, deux considérations dont il faut tenir compte et dont il ne faut point perdre de vue la solidarité et la subordination : la question du but à atteindre et celle des moyens à employer pour y parvenir : la première, qui poursuit le bien et le devoir, but suprême de notre vie en même temps que condition de tout progrès véritable dans la destinée des nations; la seconde, qui cherche à se rendre compte des résistances à vaincre et des meilleurs moyens de les surmonter.

Deux facultés maîtresses répondent dans notre âme à ces deux conditions fondamentales de la vie humaine : la volonté faite pour assurer la moralité du caractère et pour accomplir le bien par la vertu; l'intelligence, faculté contemplative, distincte de l'action, et capable, suivant qu'elle est bien ou mal dirigée, de prêter tour à tour ses ressources aux actions les plus héroïques ou aux manœuvres les plus indignes.

Prise en elle-même, l'intelligence peut être considérée comme un instrument merveilleux,

d'une souplesse, d'une fécondité incomparables. -
Mais il est malheureusement certain, en dépit de
toutes les analogies métaphysiques qu'on s'est
complu à signaler entre le vrai, le bien et le
beau, que la valeur morale de l'intelligence n'est
point du tout proportionnée à son degré de culture. La langue elle-même, féconde en réflexions
involontaires, parle avec raison d'esprits « perver-
tis » et d'intelligences « dévoyées ». Je ne sais si
je me trompe et si je ne hasarde point ici une
réflexion téméraire; mais il faut avouer, quelque
répugnance et quelque regret qu'on puisse avoir
à le reconnaître, il faut avouer que l'erreur n'ôte
point d'ordinaire leurs véritables qualités aux
esprits puissants et vigoureux. Ils semblent même,
par une étrange et lamentable fortune, emprunter
je ne sais quel ressort et quel relief aux inspira-
tions du paradoxe. Ils trouvent, dans leur propre
absurdité, des secours inouïs et des traits acca-
blants contre les résistances de la raison. L'imagination leur prête plus complaisamment ses
couleurs ; elle favorise plus volontiers leurs har-
diesses lorsqu'on invoque son inspiration contre
le bon sens.

Ce qui importe surtout aux gouvernements,
n'en déplaise aux traditions de Machiavel et de
son école, c'est la netteté et la droiture, beau-

coup plus encore que la subtilité et que l'astuce.
Vous aurez beau mettre au service d'une mauvaise
cause toutes les combinaisons et toutes les machi-
nations de la politique la plus retorte, vous ne
rendrez pas pour cela cette cause meilleure. On
ne réussit jamais que pour un temps contre le
droit et la justice, et les triomphes immérités sont
les infaillibles avant-coureurs des plus épouvan-
tables catastrophes.

Il ressort de ces réflexions que l'intelligence
isolée et rigoureusement réduite à elle-même,
abstraction faite des applications auxquelles elle
se consacre et des principes dont elle relève, ne
suffit point pour constituer une garantie efficace
de la capacité politique. Elle est aussi bien faite,
dans son égarement et sa perversité, pour perdre
que pour sauver les nations. Au service du désordre, le génie lui-même n'est qu'un désastre de
plus; il oppose au bien une force de résistance
proportionnée à sa propre grandeur. Si le suffrage universel, grâce à telle combinaison dont
on peut se passer la fantaisie, trouvait le moyen
d'estimer la capacité intellectuelle de chaque électeur, de façon à ne les admettre au suffrage
qu'après leur avoir fait passer une sorte de baccalauréat politique, on peut être convaincu d'a-
vance que l'application de ce système donnerait

des résultats détestables eu égard à la conduite de
l'État.

On peut même aller plus loin et dire, sans
montrer trop de sévérité ni trop de hardiesse,
qu'une certaine dose d'intelligence, séparée de
toute possession de la fortune, constitue contre la
valeur morale d'un homme le préjugé le plus dé-
favorable, et, pour ainsi dire, une condamnation
sans appel.

Il est à remarquer en effet que, dans la lutte
de la vie, ceux qui possèdent par devers eux des
connaissances exceptionnelles ou seulement une
culture intellectuelle quelconque, partent, dans
la carrière du travail, avec une véritable avance
acquise. Il est certain qu'abstraction faite des
hasards de la lutte, ils commencent par tenir la
corde, ou, si l'on veut continuer la métaphore,
ils sont mieux montés et mieux équipés que le
reste des concurrents. Ils ressemblent au joueur
qui, apportant au jeu une plus forte mise, verra
ses gains croître dans une même proportion, et
se trouvera en mesure de résister à la déveine
jusqu'à retourner la chance et jusqu'à ramener la
fortune.

Dans une société libre et opulente où la con-
currence proportionne la quotité du salaire à la
valeur du service rendu, il est trop évident que

la mise en œuvre d'une intelligence ouverte et cultivée rehausse le prix du travail et relève la rémunération. Il en résulte, pour tout individu placé dans cette condition favorable, une certitude de revenus qui le met au-dessus du besoin et lui ouvre largement la possibilité de l'épargne.

Lorsqu'aucune épargne, aucune économie ne se réalisent, lorsqu'aucun commencement de capital ne vient attester l'action conservatrice de la volonté après l'initiative de l'esprit, le législateur est en droit de tenir pour suspecte une pareille conduite et de refuser sa part de gouvernement dans l'État à quiconque manque de règle et de mesure dans sa propre existence.

V

La véritable condition requise pour être en droit de mettre la main au gouvernement des hommes, c'est une volonté à la fois droite et énergique, capable de discerner en toute chose le bien pour le conserver et le mieux pour l'étendre.

Il faudrait pouvoir faire passer aux électeurs, non pas, comme nous le disions tout à l'heure, un baccalauréat de capacité politique dans l'ordre intellectuel, mais s'il était jamais possible, quelque épreuve morale semblable à celle qui, chez les anciens, ouvrait l'initiation aux Mystères. Il faudrait avoir un moyen applicable et authentique d'apprécier le degré de force et de vertu auquel chaque volonté se trouve parvenue; il faudrait savoir jusqu'à quel point elle s'intéresse à son devoir et dans quelle mesure elle le pratique.

Dans l'ordre politique, où les devoirs du citoyen se prennent par le dehors et non par le dedans, il importe d'abord que chacun accomplisse sa tâche dans l'économie sociale. Il faut que chacun produise plus qu'il ne consomme, qu'il contienne ses passions et stimule son courage; autrement, si la balance ne donnait pas un résultat favorable à l'avoir, s'il y avait déficit, même de la moindre quantité, cet affaissement se creuserait bientôt en un gouffre et un abîme, et la société retournerait à une misère réelle par l'opulence factice.

Il faut donc absolument que le capital social, pris dans son ensemble, se maintienne et s'accroisse constamment : il faut que l'homme, dans tout ordre de jouissances, se maintienne avec fermeté au-dessous de ce que la passion désire et de ce que la possession permet.

C'est là ce qu'on appelle le « phénomène de

l'épargne ». Il est le signe de grandes et de constantes vertus, et, pour être bien compris, il doit être considéré sous un double point de vue, dans la conservation de ce que l'on possède, dans la capitalisation de ce que l'on acquiert.

C'est un des préjugés en quelque sorte innés de l'ignorance que de regarder comme dispensé de tout effort et de toute vertu dans l'ordre de la vie pratique, celui que le droit de succession investit d'un large patrimoine. Le vulgaire, bien que peu enclin aux analyses philosophiques, n'en distingue pas moins deux sortes d'avantages dans cette faveur qui est ainsi faite au riche par la fortune. En premier lieu, il lui envie ce raffinement et cette diversité de jouissances que peuvent seuls se permettre les heureux du jour, cette prodigalité qu'aucune dépense ne déconcerte, cette recherche qu'aucune perfection ne satisfait. En second lieu, et ce n'est pas là pour les âmes un peu profondes le privilége après lequel on est porté à soupirer le moins, on se représente ces existences comme tout à fait dispensées des sacrifices, des réserves, de la retenue pécuniaire. On voudrait pouvoir, comme elles, se laisser aller au courant de la vie et des désirs, mener à son tour cette vie surhumaine et idéale dans laquelle,

7

grâce à l'omnipotence de l'argent, tous les souhaits sont comblés, toutes les chimères vaincues, tous les caprices épuisés.

Ceux qui parlent ainsi, du fond de leur indigence et de leur gêne, perdent de vue leur propre cœur, et ne savent plus se rendre compte de ce qui leur arriverait à eux-mêmes s'ils se trouvaient à leur tour transportés tout à coup dans ces régions fantastiques de l'opulence.

Il leur arriverait sans doute, à moins de compter parmi de bien rares exceptions, de trouver parmi ces grands biens, non pas seulement une source de jouissances, mais une occasion de ruine. Le cœur de l'homme est ainsi fait que ses désirs ne manquent point d'augmenter avec sa fortune. Le malheur est que l'imagination et la réalité, lorsqu'elles se donnent ainsi carrière, ne sauraient prendre leur essor d'un vol égal. Il ne faut pas beaucoup de temps à l'imagination, une fois animée par la possession et enivrée par la jouissance, pour vaincre, pour effacer, pour anéantir la réalité la plus triomphante. Dans ce combat entre la jouissance et la fortune, c'est inévitablement la fortune qui est vaincue. La soif inextinguible du plaisir, lorsqu'on ne fait rien pour la réfréner, est capable d'engloutir non pas seulement le bien d'un particulier mais les richesses de tout un peuple et les ressources mêmes de l'univers.

Cet enivrement qu'apporte avec elle la possession de la richesse est surtout visible dans les âmes que l'habitude n'a point familiarisées avec le maniement de cet instrument dangereux. On peut voir tous les jours comment sont reçues et comment sont traitées les grandes richesses venues inopinément entre les mains d'héritiers improvisés. Il semble, comme on l'a dit énergiquement, que cet argent leur brûle les doigts. Il ne leur faut pas beaucoup de temps pour avoir dévoré, non-seulement ce patrimoine de hasard, mais encore les modestes ressources dont ils avaient vécu et qu'ils avaient su ménager jusquelà. Le pauvre devenu riche par un coup de loterie n'est pas seul hors d'état de résister à ce débordement de tentations. Vous voyez tous les jours le fils de famille, quelque familiarisé qu'il puisse être avec le luxe par le long bien-être de sa jeunesse, prendre le vertige lorsque la fortune paternelle arrive trop vite entre ses mains débiles et inexpérimentées.

Il y a donc, quoi qu'on ait pu dire de la sécurité et de l'abandon dans lesquels vit l'opulence, une nécessité impérieuse pour l'homme riche, s'il veut conserver sa fortune, de produire, de maintenir et de renouveler sans cesse un acte de vertu morale, de renoncement aux jouissances qui altéreraient le fond du capital. Il est très-possible que cette abstinence un peu égoïste ne soit pas d'un ordre très-supérieur. Il n'en est pas moins certain qu'elle représente, dans l'ordre de la vie réelle, ou une tension énergique de la volonté, ou un heureux effet de l'habitude, dans l'un comme dans l'autre cas, une discipline de nos actes, une faculté de conservation, lesquelles répondent suffisamment de la capacité politique.

Tandis que le pauvre s'estime si distant du riche, tandis qu'il se croit appelé à faire dans ce monde des actes de renoncement et des efforts de vertu dont l'autre ne s'est jamais douté, il se trouve, par une loi providentielle trop ignorée et trop méconnue, que le capital s'acquiert de la même façon qu'il se conserve. Il faut, pour réaliser une épargne et la transformer en une réserve, les mêmes actes et la même direction de la volonté que pour conserver intact son patrimoine.

Si l'on veut prendre les choses de très-haut, il est facile de reconnaître que personne n'est riche de ce qu'il possède, ni pauvre de ce qu'il dépense. L'aisance et la fortune ne sont pas quelque chose d'absolu, mais simplement un rapport, et, pour parler le langage des financiers, une balance

entre le doit et l'avoir, de telle sorte qu'absolument parlant, celui-là est dans la gêne et dans
l'indigence dont les dépenses excèdent le revenu,
même d'une faible somme ; celui-là est véritablement à l'aise qui, après avoir satisfait tous ses
besoins prévus et ordonnés, a encore devant lui
une certaine marge de fonds quittes, nets, dispo-
nibles.

Le phénomène moral de l'épargne est donc,
dans son essence, exactement le même que le
phénomène de la conservation. Il consiste, dans
un cas comme dans l'autre, à s'abstenir, ici des
jouissances raffinées et coûteuses qui excéderaient
la fortune, là de satisfactions plus petites sans
doute mais non moins vivement ressenties et non
moins onéreuses à supprimer.

Ce qui fait tout à la fois l'illusion d'un observateur superficiel et l'envie d'un inférieur haineux,
c'est qu'on ne prend pas garde que, pour l'un
comme pour l'autre, la tentation et par conséquent le sacrifice commencent pour tous les deux
au delà de ce qu'on est convenu d'appeler « le
nécessaire ». L'ampleur de cette première zone
de besoins est sans doute très-différente pour
chacun des deux. Elle varie d'une façon telle que
le plus strict nécessaire du premier dépasse de
beaucoup les plus larges aspirations du second ;

il n'en est pas moins vrai que l'habitude les a depuis longtemps familiarisés l'un avec cette aisance, l'autre avec cette privation, de telle sorte qu'ils n'en ressentent plus guère, celui-ci la rigueur ni celui-là le plaisir.

L'homme qui économise sur son maigre salaire et qui, sur quatre francs, met cinquante centimes de côté, se trouve, pour l'observateur qui veut vraiment aller au fond des choses, exactement dans la même situation psychologique que le riche lorsque ce dernier se refuse une paire de chevaux ou une saison aux Pyrénées. Il n'en coûte pas moins à l'autre de renoncer au théâtre du soir ou à la partie de l'estaminet. L'artisan fait bien, lui aussi, un acte de vertu conservatrice. Il garde une partie, quelque minime qu'elle soit, de sa paye quotidienne, et il s'en fait, comme la langue le dit si bien, une « avance » : le chiffre de ses économies est la véritable échelle de son niveau social au-dessus de ses besoins. Le riche qui conserve sa fortune ne fait absolument pas autre chose. Il en va des rapports moraux comme des lois mathématiques, où le chiffre des quantités n'importe en rien à la formule des équations.

Le grand tort de certaines économies politiques a été de ne point voir que l'épargne est un fait à peu près exclusivement moral. Quelque paradoxale

que semble au premier abord une pareille assertion, l'épargne ne dépend pas autant qu'on pourrait le penser de la quotité du salaire ni même
des charges qui peuvent lui incomber. Dans un
grand nombre d'industries, la plupart des ouvriers
le plus chèrement payés flottent perpétuellement
de la prodigalité à la détresse, pour finir par la
plus extrême misère ; à côté d'eux, un subalterne
du métier trouvera moyen d'avoir de l'argent de
reste. Le même homme qui, célibataire, avait
tant de peine à suffire aux impérieuses exigences
de ses besoins, réussit, maintenant qu'il est
marié et père de famille, à faire quelques place-
ments dans l'intérêt de ses enfants ; tant la volonté
a de pouvoir, et pour multiplier les efforts du
gain et pour restreindre les velléités de la jouissance.

Voilà pourquoi l'argent ne doit point, comme
nous le faisions déjà pressentir, être regardé seulement comme un fait matériel. Ce n'est point en
vain qu'en dépit des caprices du hasard, l'opinion
publique y attache une certaine estime et un certain respect. Elle comprend instinctivement ce qui
vient d'être expliqué, à savoir, que la conservation, l'accroissement ou la constitution d'un capital témoignent, dans celui qui en reste ou en devient le propriétaire, d'une certaine possession

de lui-même et d'une force d'âme incontestable.

Pour que cette théorie soit vraie, non pas seulement dans les méditations de la philosophie mais dans les applications de l'ordre social, il faut une condition indispensable, qui, au point de vue de la logique, devient la majeure de tout le raisonnement. La société doit absolument être constituée dans des conditions de liberté et de justice telles, que tout homme trouve un champ ouvert à son activité, que le produit lui en soit garanti et la possession assurée. C'est seulement ainsi que l'homme peut en effet vivre de son travail; et vivre, au sens propre du mot, ne veut pas seulement dire soutenir au-dessus de la mort une misérable existence sans cesse exposée et sans cesse compromise, mais l'établir sur des bases solides et l'aménager de telle sorte que la vieillesse profite à son tour des avantages de la jeunesse et de l'âge mûr.

Il n'est donc plus besoin maintenant, en ce qui concerne l'exercice des droits politiques, de faire passer à personne un examen de capacité morale. La propriété est là, qui répond à toutes les exigences et prévient toutes les objections. Elle n'a plus la valeur aveugle d'un fait brutal qui s'imposerait à la façon de la force physique; elle devient le signe visible auquel se marque le caractère, c'est-à-dire l'exercice de la puissance souveraine réglé par des motifs raisonnables.

C'est justement parce que la richesse est le signe représentatif de notre faculté active qu'elle ne saurait être prise en elle-même comme un critérium absolu, abstraction faite de ce qu'elle coûte et de ce qu'elle représente. Demander aux électeurs un cens élevé, c'est substituer, par une grossière méprise, à la valeur morale de l'argent sa valeur pécuniaire ; c'est par conséquent substituer un principe à un autre principe dans la réglementation du suffrage universel. Lorsque, pour introduire enfin quelque ordre et quelque bon sens dans les élections municipales, la loi a exigé du votant une certaine période de résidence effective, elle n'a pas jugé nécessaire de s'enquérir, avant de délivrer sa carte à l'électeur, s'il avait, durant cet intervalle, habité plutôt un palais qu'une chaumière. Tout de même, il ne s'agirait point, pour rendre au suffrage universel quelque justice et quelque raison, de reconstituer sous aucun prétexte une classe plus ou moins aristocratique d'électeurs censitaires ; il suffirait, croyons-nous, de s'assurer, dans une mesure extrêmement large, que tout homme appelé à prendre part à une élection politique est en effet représenté dans l'ordre social par un avoir quelconque qui témoigne tout à la fois de sa vertu et de son intérêt.

Ainsi se trouverait écartée du scrutin cette plébécule, cette ochlocratie, pour laquelle les publicistes grecs et romains, un Cicéron, un Platon, un Aristote, n'avaient pas assez de dédain et de mépris. N'est-ce pas une des contradictions les plus étranges de notre époque que nous ayons dans nos codes un ensemble de lois si remarquables et, on peut le dire, si parfaites en ce qui concerne l'état des personnes et le règlement des biens, des principes unanimement élevés au-dessus de toute discussion et appliqués sans défaillance ni révolte jusque dans leurs conséquences dernières, tandis que, dans l'ordre politique, tout demeure flottant et indécis, tandis que nous laissons les fondements mêmes de la société à la merci de la foule, au hasard des surprises, au péril des vengeances? Nous en sommes, avec cet instrument anonyme et irresponsable, à nous féliciter chaque matin de n'être pas morts pendant la nuit, sans pouvoir nous assurer que nous ne succomberons pas avant le soir. C'est affaire aux hommes d'Etat et aux délibérations des assemblées de régler par le menu le détail de ces changements indispensables; il suffit au publiciste et au philosophe d'avoir établi la nécessité de cette réforme, en montrant, comme nous l'avons fait, les inconvénients qu'entraine dans la pratique, et les principes que viole dans la théorie, le suffrage universel absolu.

VI

Cette étude ne serait point complète si nous négligions de répondre d'avance à une objection dont nos adversaires ne manqueront pas de s'armer contre nous. Cette objection ne laisse pas d'avoir un côté ingénieux ; elle est assurément faite pour surprendre, sinon pour séduire au premier abord.

Du moment où l'on regarde le droit de vote comme une fonction politique qu'il faut en quelque sorte justifier, du moment où, pour être reconnu un citoyen véritable et jouir de l'intégralité de ses droits politiques, il faut faire la preuve d'une capacité intellectuelle ou morale représentée par la réalisation d'un avoir quelconque, il semble que le prolétaire, exclu de toute participation au choix de ses représentants et mis en quelque sorte au ban de sa patrie, soit suffisamment autorisé par là à décliner toute charge, et en particulier à refuser l'impôt du sang. Puisque la société ne le trouve pas bon pour exercer une influence quelconque sur la direction du gouvernement, puisqu'on impose silence à sa voix, si modeste qu'elle puisse être, ne peut-il pas se considérer comme étant en quelque sorte moralement en dehors de la nation dont il fait matériellement partie? Puisque l'État lui refuse les prérogatives de la nationalité politique, puisqu'on lui ôte les droits du citoyen, ne peut-il pas refuser, à son tour, la charge du soldat?

C'est dans ce dernier retranchement que s'établissent les défenseurs du suffrage universel absolu : point de vote, point de service militaire ; ou bien, si l'on arme ce bras pour la bataille, qu'on permette à cette main de voter pour l'élection d'un mandataire.

Toute l'apparence de cet argument tient à une méconnaissance obstinée des rapports sociaux qui existent entre le prolétaire et l'État.

Sur quel fondement prétendez-vous tirer le droit de voter du droit de servir?

Cet État, à la direction duquel toute part vous est justement refusée tant que vous n'aurez pas fait preuve des qualités requises par le droit politique, ne vous en assure pas moins, quoique vous ne comptiez pour rien dans son administration et dans son gouvernement, des avantages sérieux, d'éminents services dont vous ne sauriez méconnaître les bienfaits. Il assure au dernier des prolétaires, au plus humble des mendiants, la paix, la sécurité, la liberté, la justice. Votre seule présence au sein du milieu social est une participation directe et quotidienne aux avantages qu'il procure. Vous recevez donc beaucoup de lui, et vous ne songez point à renoncer à cette précieuse égalité des garanties modernes.

Examinons tout à la fois ce que vous lui donnez, et ce que vous lui devez.

Vous êtes, dans l'hypothèse que nous discutons, absolument privé de toute propriété; vous n'avez jamais eu, pour votre malheur, à payer au fisc aucun droit de mutation; votre indigence échappe en quelque sorte à toute perception; et, comme le dit le vieil adage d'une époque qui n'é tait pas tendre pour les malheureux : « Où il n'y a rien, le roi perd ses droits. »

Il faut donc reprendre le raisonnement que votre prévention avait imaginé de construire suivant une logique si étrange. Si le droit politique du vote est refusé à quiconque ne présente pas des garanties suffisantes et si en même temps le fait de la possession d'un capital appréciable est pris pour le signe extérieur de cette garantie, il en résulte qu'eu égard à l'assiette de l'impôt qui pèse sur la richesse, vous vous trouvez exempté par votre indigence même des charges qui pèsent sur vos concitoyens ; et comme vous ne refusez point votre part des avantages communs, comme vous en profitez peut-être dans une mesure plus large que les autres, la conséquence rigoureuse de tout ce raisonnement est précisément l'inverse de celle que vous nous faites. C'est bien le moins qu'en l'absence de tout le reste vous prêtiez à l'État l'appui de votre force ; que vous lui payiez, sous la forme d'une puissance physique tenue à sa disposition, ce concours qu'il ne saurait attendre ni de vos lumières ni de votre autorité.

De fausses analogies historiques, des faits mal compris et mal interprétés ont pu donner à la thèse que nous combattons l'apparence de quelque appui et l'ombre de quelque valeur.

On a fait remarquer que, dans l'antiquité, le privilége de porter les armes marchait souvent avec le droit d'élire et qu'on ne demandait point de service militaire à ceux qu'on retenait dans une minorité politique. Il suffira, pour écarter ce dernier argument, de rappeler que le serf, l'esclave, l'ilote ne font point partie de l'état social antique au même titre qu'y figure chez nous le plus obscur et le plus abandonné des prolétaires. Celui-là, chez nous, est citoyen dans l'ordre des droits civils et naturels, au même titre et dans la même mesure que le plus puissant et le plus opulent. La loi française n'a pas des tarifs différents pour le sang versé; et lorsqu'il s'agit de poursuivre l'assassin, elle ne s'enquiert ni de la fortune ni du rang de la victime. Aux yeux de la loi naturelle, l'esclave était dans son droit lorsqu'il se proclamait l'ennemi de cet ordre public et s'armait contre lui, même du poignard de Spartacus. La grande erreur du prolétaire moderne, dans notre société plus démocratique peut-être que de raison, est de se croire opprimé et trahi par ce même ordre social qui le protége et le réhabilite. L'illusion du malheur et de l'injustice est la pire des illusions : elle donne un faux air de générosité et de grandeur à nos passions les moins avouables; elle met ainsi au service de nos cupidités les plus basses toute la force de nos instincts les plus généreux.

Lorsque, à la grande admiration de l'antiquité, Aristote exposa dans sa *Politique* la théorie de cette classe moyenne que nos pères ont nommée le *tiers état,* le grand publiciste semblait déjà prévoir les oscillations par lesquelles devaient passer tous les gouvernements de ce monde : tantôt une aristocratie ou même un empire qui absorbe tous les droits sous prétexte de les représenter, et tantôt une démocratie qui les anéantit sous prétexte de les étendre. Là comme ailleurs, le bien, pour emprunter de nouveau les paroles du philosophe, « est dans le milieu. » Il serait peut-être temps qu'on revînt aux conditions de la véritable égalité, laquelle ne consiste pas à traiter chacun suivant ses désirs ou ses appétits, mais suivant ses capacités et son mérite.